아름다운
세상이
보입니다

김인식 시집

아름다운 세상이 보입니다

한강

시인의 말

두 번째 시집을 내면서 먼저 하나님께 영광을 돌립니다.
시를 언어의 종합 예술이라고 한다. 모든 창조 예술은 그 시대의 산물이란 말이 있다.
유럽을 무력으로 제패한 나풀레옹조차도 "펜은 칼보다 강하다."라는 유명한 말을 남겼다. 이 말은 글의 힘과 문학의 힘을 뒷받침하는 말이라고 한다.
목사로서 시인으로서 글을 쓴다는 것은 남다른 책임감이 따른다. 이것이 마음에 무거운 경종을 울린다. 내가 글을 쓰는 가장 주된 목적은 이 시대 신앙의 유산을 남기고, 정신문화 유산을 남겨 내가 사는 곳에 한 줌의 빛과 소금이 되고자 한다.
혼탁한 이 시대를 바라보면서 간절한 바람이 있다면, 아름다운 세상이 되었으면 좋겠다라는 것이 개인적 소망이다. 내가 사는 곳에서 이웃 간에 관심과 사랑 가운데 서로 마음을 나누며 사는 아름다운 세상을 꿈꿔 본다.
 나는 시집을 발간할 때마다 새로운 각오로 다짐한다. 내 안의 심령 속 깊은 곳에서 우러나오는 맑고, 깨끗한 감성을 펼쳐 영혼의 울림 속 마음의 안식처가 되기를 바란다. 그리하여 독자에게 위로의 언어로 다가가기를 희망한다.
 시인은 그 시대를 바르게 조망하고, 통찰하여 삶의 자리를 언어로 표현하고 실천해야 한다.
 내가 속한 국가와 사회, 자연과 더불어 살아가는 이웃에 대해 사색된 정서를 글로 표현한다는 것이 쉽지는 않다. 하지만 부단히 노력할 것을 나에게 명령한다. 이런 나의 시집이 독자에게 작은 울림으로 다가가기를 바란다.

2021년 11월
김인식

김인식 시집   아름다운 세상이 보입니다

□ 시인의 말

제1부 세상을 보는 눈이 아름답다

희망가 ──── 13
참빛 ──── 14
새사람 ──── 15
움트는 사랑 ──── 16
향기 ──── 17
아름다운 세상이 보입니다 ──── 18
사랑스러운 만남 ──── 19
누구인들 ──── 20
성령 ──── 21
찬양 사역 ──── 22
인생 ──── 23
삶이란 ──── 24
세월의 흔적은 남아 ──── 25
거칠어진 손 ──── 26
소중한 당신 ──── 28
어머니 ──── 29
새 생명 ──── 31
소중한 선물 ──── 33
인생 신호등 ──── 34

아름다운 세상이 보입니다   김인식 시집

36 ─── 돌아온 양심
37 ─── 이런 날 올 줄이야
38 ─── 북녘땅 기도 소리

제2부 인간과 자연의 조화는 아름답다

41 ─── 달아 달아 밝은 달아
43 ─── 친구야 친구야
45 ─── 연녹색 기쁨
46 ─── 느티나무
48 ─── 봄날이었던가
49 ─── 꽃
50 ─── 산장의 여인
52 ─── 가을 사랑
53 ─── 첫눈이 내려요
54 ─── 겨울 바다
55 ─── 이런 날 왔구나
56 ─── 굽어살피소서
58 ─── 살기 좋은 괴산
59 ─── 내 마음 같지 않구나
60 ─── 주님 인도하옵소서
61 ─── 날개
62 ─── 밤을 지새워 본들

어미 닭 —— 63
한 알의 밀알 —— 65
봄봄 봄이란다 —— 66
누가 빈 의자라고 하더냐 —— 67

제3부 세월은 인생을 말한다

지금은 어떠신지요 —— 71
그런 친구가 좋아요 —— 73
두 손 모읍니다 —— 74
깊어 가는 인생 —— 75
문자 —— 76
이름 석 자 그리움 —— 77
지금 와 생각해 보니 —— 78
인연 —— 79
작은 천국 —— 80
호흡 —— 81
향기로운 만남 —— 82
한번도 경험하지 못한 일 —— 83
이 죄인 병들었나이다 —— 85
코스모스 —— 86
사각모 —— 87
얼마나 아팠을까 —— 89

아름다운 세상이 보입니다　　　　　　　　　김인식 시집

제4부 자유로운 영혼이길 바란다

93 ──── 자유로운 영혼이기를
95 ──── 왜 몰랐을까
97 ──── 기다림
98 ──── 날마다 숨 쉬는 순간마다
99 ──── 세월이 말한다면
100 ──── 충무공 김시민 장군
101 ──── 독도
103 ──── 광복절
104 ──── 현충일
106 ──── 잊지는 말아야지요
108 ──── 새봄은 언제 오려나
110 ──── 자유의 함성
112 ──── 부활하셨습니다
113 ──── 기쁘다 구주 오셨네
115 ──── 주님 감사합니다

▫해설_박건웅

세상을 보는 눈이 아름답다 — 제1부

닫혔던 마음이 열리고
영혼이 맑고 깨끗해지면
어둡던 세상도 아름답게 보인다

희망가

폭풍우 우레와 같은 날
차디찬 호흡 긴 터널 빠져나와
경자년 아픈 세월! 헐헐헐 날려 버려
희망의 새해가 밝았다
세월 가는 길목에서
어이어이 어서 빛 비쳐다오
신축년辛丑年 밝았다고 희망아!
어서 일어나라 외쳐 쌓여만 가는 기대치
전염병에서 자유로울 수만 있다면

잔뜩 낀 먹구름 물러나고
흰 구름 몽실몽실 떠올라 줄 것
전심으로 기원하오니
온 땅에 희망을 쏟아부어 주소서

설날 까치 노랫말 소리
쫑긋 귀 세워 들어보고 있노라면
힘내세요 힘내세요
신축년辛丑年 희망가 노래 불러
힘을 내어 기대로 감사하자 노래하자.

참빛

밤이 깊어 날 밝기 재촉하는 오늘
내일의 기대치로 살아가면서 차오른
기쁨과 소망 속에 일어선다

신기하고 놀라운 기쁨
내 안에 평안 넘쳐나고 있다
온몸과 맘 위로받을 때마다
심령의 낙 활짝 열린다

밝아 오는 심령 가운데
참빛 내 안에 비쳐 소망 넘쳐나니
맑고 깨끗한 영혼 머물러
세상을 향한 참빛 내 안에 받아들여
내 영과 육 말갛게 씻겨졌다.

새사람

저물어진 한 해
그대로 둘 수 없어 세월 따라
옛것 버리고 새사람 입어
변화된 심령 새날 맞이하려 한다

세월 따라 살다 보면
오래지 않아 아픔도 슬픔도 고통도
흔적도 없이 땅속에 묻어 버려
털끝만치도 기억하지 않으려고 한다

욕망 벗어던져 버리고
새사람 입어 새날 살아가련다
알 수 없는 날들 새롭게 맞이하여
아름다운 세상 바라보련다

헛된 욕심 바다에 모두 버려
단장된 내일 맞이하련다
경험하지 못한 날 극복하여
오늘의 새 손님 맞이하여 가련다.

움트는 사랑

난생처음 거리에서 보았을 때
반가운 손님처럼 기뻤지요
시간이 가고 종종 볼 수 있을 때마다
이웃집 아저씨처럼 느껴졌지요

날이 가고 세월 지나 몸짓과 목소리도
울림 있어 따뜻한 마음 들었지요

세월 달 가듯이
마주할 때마다 고향 햇살처럼
포근하기만 하네요
익어 가는 세월 속에 만나면 좋아요

속삭이는 세월이 낳은 봄날
움트는 연녹색처럼
다정한 웃음 속에 사랑이 느껴집니다.

향기

그대의
따듯한 그 말 한마디
온몸 녹여 와
가슴이 훈훈해 온다

웃음 속에 알알이 맺혀
이웃 간 사랑 듬뿍 쌓인 곳
오늘 나눔 내일의 삶에 향기다

맘과 맘 꾸며져
뜰 안 새긴 사랑의 열매
주고받는 사귐
삶의 기쁨 느껴진다.

아름다운 세상이 보입니다

행복한 삶 살기에도 힘든
짧은 인생일진대 어찌 맘속이 뒤틀려
휘둘려 꼬일 대로 꼬여 있어
속사람 어디 가고 겉 사람만 남았는가

아옹다옹 도토리 키재기로
속사람 주름살 쌓여 겉늙어 시든 영혼
미움 다툼 시기 질투 자리 잡아
독처하는 방 쌓여 뼈를 마르게 하지 않겠느냐

갈 바를 알지 못하고
응어리진 세월 달래 보지만 어쩔 줄 몰라
가슴 움켜잡고 홀로 애쓰고만 있어
상처만 남아 차곡차곡 쌓여 가지 않겠느냐

진실로 진실로 빛 발하여
그리스도 사랑 안에 비추어진 세상 가운데
강퍅한 그늘진 맘 큰 사랑으로 녹여
앙금이 가서 아름다운 세상이 보입니다.

사랑스러운 만남

나와 함께하는 이웃 있어
어린아이처럼 행복하답니다 이 맘 누가 알랴
만남은 하늘 섭리라고 하지 않는가
우연이 아니라 필연이었으면 좋겠네요

산천과 바람 벗 삼아
이웃과 함께 발맞추어 살아가며
즐거운 콧노래 불러가며 호흡 같이해
자전거 페달 밟고 또 밟아 보니
상큼한 바람 안고 달려 보니 신나네요

그대들과 함께라면
오늘도 내일도 달리고 싶네요
동심의 세계 어렸을 때 놀던 시골길
푸른 하늘 산천 그리움이 넘칩니다

산 넘어 산 맑은 물 흘러
괴산의 아름다움 한몸에 안고 싱싱 달려
발길 닿는 곳마다 아름다워라.

누구인들

세월이
나이만큼 쏜살같이
달아난다고 하던데
설마 그럴 리야 했던 때가
엊그제 같건만

아니 벌써
그런 말할 때가
바람같이 날아
번개같이 찾아왔으니

순간
아차 싶은 세월
인생 별거 아니라
생각하니…

인생은
나그네이자 들풀이요 안개라
어찌 내일 일을
자랑할 수 있단 말인가?

성령

당신의
곱디고운 맑은 숨결
호흡 속에 녹아

황금 햇살
비추어 올 때면

폭 안겨
그 숨소리 느껴
귓전에 들려질 때
내 영혼 빛나리

당신은
내 삶의 주인이요
위로와 평안이라

찬양 사역

어디선가
영혼의 목소리 들려와
맑고 청아한 찬양 주께 영광 돌려
가야금 울림
잠자던 영혼 깨어나게 합니다

어쩜 그리도
맑고 순수한 영혼일까 해서
찬양을 듣노라면
내 영혼 말갛게 씻깁니다

주혜경 사역자님!
주만 바라보며 가는 그 길
소망 닻 아름답기만 합니다

그대 꿈꾸며 가는 길
주님의 은혜와 축복이 있기를
기원합니다.

인생

파도처럼
일렁거리다가

갈대처럼
술렁거리며

안개처럼
있다 없어지고

가을처럼
떨어지는 낙엽이라.

삶이란

사랑하면서
느끼고

아파하면서
깨닫고

인내하면서
이겨내며

싸매 가면서
치유받고

희망 속에
살아가는

내일의
종합 예술이구나.

세월의 흔적은 남아

그대여! 지금 무슨 생각
그리 많아 번뇌 숲속 이루고 있나
바위도 인내하고 산천이 묻고 있지 않소

청청 하늘 아래 그 무엇이
그대 맘속 수심 많이 쌓여 있길래

땅과 바다가 짝하려 해도
틈새가 없어 망설이며 고민하지 않느냐

지금껏 그대 남몰래 숨겨 온 것
지난 세월 흐르는 물속에 비쳐
삶의 길 따라 새겨진 깊은 골 헤쳐

삶의 흔적 주섬주섬 담아 이곳에 와
말끔히 쓸어 던져 흘려보내는구나.

거칠어진 손

젊은 날 떠올려 보려고 하면
하루를 수년같이 수년을 하루같이 달려와
주의 길이라고 당신의 거칠어진 손

젊은 날 사역 이유로
눈길 한 번 제대로 주지 못한 아내에게
지금 와 생각해 보니
잃어버린 시간 보상할 수 없는 세월
아내에게 아쉬운 말 오늘에야 남깁니다

가정 살림 숨은 작은 손
당신의 거칠어진 손 말해 줍니다
가시밭길 같은 길 외면치 않고
가야 할 길이고 영광의 길이라
묵묵히 같이 동행한 길이라고 합니다

눈물 없이 갈 수 없는 길
함께 앞만 바라보고 달려온 길이었소
힘들어도 달려야 했고 멈출 수 없는 것
이 길은 고난이라 할 수 없어

홀로 싸안고 걸어와 거칠어진 손 되었습니다

나 혼자는 갈 수 없는 길
아내와 몸과 맘 함께한 수십 년 지난 오늘
당신은 진정 나의 동역자요
내 인생 동반자였음을 고백합니다.

소중한 당신

하늘 아래
가장 소중한 선물
찾으라 하시면
바로 당신입니다

당신은
선물 중에 으뜸이요
삶에 걸작품이라
아랫목 주인입니다

당신의 눈빛
몸짓 하나하나
알곡으로 알알이 맺힌 사랑이요
삶의 행복의 현장입니다

세월 따라
영혼의 속삭임 이뤄
햇살같이 밝아 와
앵두처럼 감칠맛 냅니다.

어머니

아버지 먼 타향살이에
힘든 가정 살림 홀로 꾸려 가시느라고
남몰래 감추어진 어머니 눈물
누가 볼까 봐 가슴속에 묻어 둔 사연
이제 와 생각하니
그립고 또 그리워 딱 한 번만이라도

어머니 어머니!
나의 초등학교 졸업식 때
왜 그러셨나요
형이랑 나랑만 사진 찍게 하시고
어머니 왜 보고만 계셨나요

철들어 물으니 사진값 더 들까 봐 해서
듣는 순간 어안이 벙벙해
입이 꽉 닫혀 열리지 않았었습니다

우리 삼 남매 키우시느냐고
꽃다운 청춘 바람결에 날아가 버려도
한치도 아깝다 하지 않으신 어머니

인생 굽이굽이마다 거칠어진 손
펼쳐 보니 사랑의 흔적 남아 있습니다

힘든 살림 마다하지 않고
애지중지 손발 다 닳도록 일해
어린 자식 먹이고 입혀 키우신 어머니
좀 더 오래 사셨더라면

엄마 어머니 어머님!
오늘은 어버이날
어찌 나를 늦둥이로 낳으셨나요.

새 생명

세상이 좋아 응아 응아!
우리 손녀딸 사랑이 태어났다네요
기쁜 소식 하늘이 좋고 땅이 좋아
부모 자식 간 천륜의 첫 만남 기적이라
아름다운 세상에 태어나 삶 시작되었네

나의 사랑 김사랑 김사랑!
이름도 얼굴도 예쁘고 귀여워서
아름답기만 하였더라
사랑아 사랑아 지금 무슨 생각하느냐

옷깃만 스쳐도 인연이라 하는데
가슴 안팎 안겨져 온 선물
새 생명 감사 영원하여라
하늘이 알고 땅이 기뻐하는구나

키가 자라고 몸이 자라매
나의 손녀딸!
하늘의 지혜와 믿음 충만하여라
내 영혼 감사뿐이더라

무럭무럭 잘 자라다오
하늘 온 천하에 이름 울려 퍼지니
주께 영광 돌립니다. 영광 돌립니다.

소중한 선물

사람과 사람 간에 사랑의 통로
섬김과 나눔 이루어져
그리스도 향기로 나타난 마음입니다

그리스도 사랑은
세상이 줄 수 없는 것으로
이웃과 함께할 수 있는
가장 소중한 선물입니다

그리스도 선물은
십자가 사랑으로 나타난
은혜와 용서 안에 영원한 생명
소망으로 연결된 고리 영생입니다.

인생 신호등

달리고 싶은 욕망 커
욕심이 몸과 맘 발걸음 재촉해 달린다
머물려 해도 멈출 수 없는 인생
앞만 보고 달리기만 하다 보니 지금

노란 경고등임에도 욕심 찬 질주
아차! 위험 신호 알려 주는 순간
빨간 등 켜져 돌이킬 수 없는 길
위험 가운데 막을 수 없는 인생 되었다

빨간 경고 무시한 채
앞만 보고 질주하다 맞은 위기
몸 달아 급히 손든 경고 어! 어! 한들
인생 급브레이크 잡을 수 없어
돌이킬 수 없는 인생 되었다

빨간 신호등 아랑곳없이 달려
인생 급브레이크 못 잡게 되자
그만 한순간 모든 인생살이 날려
인생살이 꼬였네 꼬였네 아주 꼬였다

좌우 분별치 못한 인생
주위 돌아볼 시간 없다고
쉼 없이 줄기차게 달린 그 시간
욕심 꾸러미 보따리 내려놓지 못해
잘할 걸 잘할 걸 아쉬움만 남겼다.

돌아온 양심

어느 날 몹시 허기진 배 채우려 하여
밥 달라 칭얼거리는 아이처럼
허기진 배 눈에 보이는 것 없고
눈에 보이는 것은 먹을 것밖에 보이지 않는다

주린 배 채우고자 애써 보자
아무것도 없어 순간 배고픈 이웃 생각나더니
잠시 출장 나갔던 양심 돌아와
내 배 힘껏 후려치고 있지 않은가

내 배 배불러 남 배고픈 것 모르다가
배고픈 설움 알고 보니
버려졌던 양심 돌아왔느냐 묻는다

이웃은 헐벗어 배고파
움켜쥔 배 참아가며 쌀 한 톨 한 톨에
눈물겹도록 허기진 배 채워 가는데
분에 넘치도록 먹고 나서 하는 말
배불러 죽겠다 할 때쯤
찢어진 양심 돌아와 부끄럽기만 하다.

이런 날 올 줄이야

인생은 사랑하면서 느끼고
아파하면서 조금씩 깨달아 간다네
말없이 흘러가는 세월 막을 수 없어
세월 따라 애쓴 발자국만 남긴 채
마음을 달래 가며 지금껏 살아왔지요

내 꿈은 어디에 숨겨져 있는지
언제쯤 알 수 있을까
내 꿈 시간표 그냥 멈춰 버렸나
세월아 세월아 알려 줄 수 있니

인생살이 힘들다고 머뭇거려
주춤하였다면 지금쯤 어떻게 되었을까
인생이란 꿈을 안고 가는 종합예술인가
내 인생은 지금도 연습생입니다

인생살이 힘들다고 기우뚱거려 왔다면
내 인생 지금쯤 어떻게 되었을까
내 꿈 잃지 않고 기다려 왔더니
허기진 세월도 지나고 아픈 세월도 떠나고
내 꿈 이루어져 이런 날 올 줄이야.

북녘땅 기도 소리

갈 수 없어 가로막힌 북녘땅
굶주려 헐벗고 애타게 타오르는 눈물로
어언 칠십 년 세월 지나
하늘만 바라보고 있는 소망
광야교회 애끊는 기도 소리 들려온다

동포의 탄식 소리 들리지 않는가요
지하교회 성도의 눈물
바벨론 칠십 년 해방절 맞아
북녘땅 희년의 기쁨 이루시기 바라나이다

만유 주재이시여
피 맺힌 기도 소리 들리지 않습니까
왜 침묵만 지키고 계시나요

하늘이여 들으소서 하늘이여 들으소서
이 민족 분단의 아픔 흩어지고
복음 통일 대한민국 이루길 원하나이다.

인간과 자연의 조화는 아름답다 — 제2부

인간과 자연은
분리될 수 없는 한몸이니
사랑의 나눔 속에 함께 사는 것이다

달아 달아 밝은 달아

한밤중 찾아와 반짝이는 친구
달아 달아 밝은 달아 나랑 놀던 달아
캄캄한 시골길 밝게 비춰 함께 다니던 달님아
코 찔찔이 장난꾸러기와 같이 놀던 어린 시절

뒷간 볼일 볼 때면
도깨비 귀신 나온다고 놀려 대면
등골 오싹거려 나올 것만 같았다
그럴 때면 불쑥 도깨비 빗자루 나올 것 같을 때마다
변함없는 내 친구가 힘 되었단다

저 별은 내 별 저 별도 내 별 하늘의 별들
내 맘속에 찾아와
무서움 이겨냈다 무서움 이겨냈다
초롱초롱한 별 환한 빛 비칠 때면
두려움은 꽁지가 빠지도록 도망하였다

밤하늘에 뜬 별 하늘 수놓아
너랑 나랑 철없이 같이 놀던 밤하늘
시골 논둑길 같이 걷던 길

초롱초롱한 친구 손잡고 놀던 추억
어린 날 세월만큼 그리워진다.

친구야 친구야

동무야 동무야 보고픈 나의 동무야
꼭꼭 숨어 넌 어디서 뭘 하니!
널 그리워 지난 세월 하나씩 더듬어 본다

구름에 달 가듯이 흘러버린 세월
지난날 돌이켜 잠시 떠올려 보니
코 찔찔 흘려가며 해가 지는지도 모르게 놀던
잊지 못할 장난꾸러기 아무개야!
아지랑이 가물가물 어렴풋이 떠오른다

그리움 솔솔 불어와 눈가에
너랑 나랑 연못가 나무 아래 앉아 놀던 곳
고향 향취 바람 가슴에 안겨 온다
하얀 뭉게구름 하늘 아래 있을
나의 동무야 어디 있는지 그리워진다

세월 지났다 하지만 어찌 다 잊는다 말인가
이곳저곳 산천 휘젓고 다니며 놀면서
진달래꽃 따다 먹고 찔레나무 먹어 가며
냇가서 물장구치고 물고기 잡던 어린 시절

넌 보고 싶지 않느냐
지금 넌 어디 있느냐 동무야.

연녹색 기쁨

봄 봄 날아왔다네
선선한 바람결 속삭여 오는 꽃향기
꽃바람 따라 살랑살랑 봄 처녀 미소 짓는다

설레는 가슴 신록의 계절
밝은 예쁜 모습 발길 닿는 곳마다 꽃길
어수선한 세상 아름답게 수놓는다

날 밝은 아침 눈 비비고 일어나
예쁘게 단장하고 집을 나서는 길마다
연녹색 미소 나란히 나란히 손짓하며
파릇파릇한 연녹색 기쁨으로 봄을 꽃피운다

쌩긋쌩긋 꽃바람 타고
청순한 눈 속에 파릇파릇 핀 봄꽃이라
나폴나폴거려 소곤대는
수줍은 미소로 방긋 움터 오른다.

느티나무

괴산槐山의 유래는 잉근내로 잉태되어
괴양현과 괴주군으로 불리다
1403년 지괴주사知塊州事로 승격
1456년(세조 2년) 오늘날 같은 괴산군이라 불린다

3정승 자리 괴위槐位, 지체 높은 지위로서
느티나무(회화나무) 괴槐 자로 쓰여
신라, 고려, 조선에 이어 전해져 오니
출세수 행복수라 하여 지금의 이름이라 한다

느티나무(회화나무) 괴槐 자는 한몸이라
유구한 역사 속에 살아온 세월
동서남북 가지가 고루 뻗어나 크고 작은 조화
황금 날개 질서 찬란하게 비친 얼굴
늠름한 괴산의 기상 아름다운 느티나무라 한다

천년의 강인한 생명력 우람한 몸매
듬직한 품위 우뚝 선 위상 온 마을 뒤덮어
내일의 아름다운 마을 바람막이 보호수 되어
오랜 풍진 세월 동고동락한 날 얼마인가

아름드리 정자나무 아래
선선한 바람 폭 안겨 몸과 맘 달래며
오순도순 사랑 속에 어우러지는 쉼터
가슴 안에 우러난 아름드리 행복 넘쳐나
풍요롭고 살기 좋은 괴산 축복의 땅이라.

봄날이었던가

봄이 왔다 봄이 왔어
꽃향기 묻어나 설레는 열린 가슴
꽃바람 불어와
봄이 찾아왔다네 봄이 왔다네

내가 뛰어놀던 고향 산천 따라
진달래 잎 따다 물고
용인 아흔아홉 칸 집 옆 뒷동산
코 찔찔 흘려가며 놀던 그 시절
모랑모랑 어렴풋이 떠오른다

오랜 세월 지난 지금
책갈피 속 곱게 끼워 놓았던
연녹색 수줍은 잎새랑
진달래꽃 개나리꽃 잎새 꺼내 본다

연녹색 잎새 파릇파릇
산천 길 따라 산들산들 불어오는 꽃바람
논둑길 따라 나풀나풀거리는 봄 향취
산 넘어 산 고향 산천이 그립다.

꽃

푸른 하늘 흰 구름 아래
꽃바람 불면 땅과 바다 함께 어울려
꽃 잔치하려고 하늘을 흔들어 깨운다

봄이 되면 잠자던 꽃 이때라 싶어
한맘으로 꿈틀거려 수줍은 미소 짓고 눈떠
날 좀 보세요 날 좀 보세요 손짓한다

어찌 그리 아름다운지 보고만 있을 수 없어
순간 내 것처럼 두고 볼 수 있다면
얼마나 좋을까 하나 그럴 수 없으니 말이다

연녹색에 싸여 빨강 노랑 파랑
울긋불긋 물든 얼굴 꽃향기 온통 날려지니
들녘마다 수줍은 사랑의 꽃 피어나고
봄처녀 살랑살랑 치맛자락 날린다.

산장의 여인

내 곁에 기억된 그녀
어느 날 살며시 찾아온 손님
잠시 내 맘 똑똑 두드려 온다
그대 문경 산장의 여인
그날에 마음 문 활짝 열어 본다

그냥 가세요
아 그렇지만, 아네요
괜찮습니다 또 오세요
사랑의 손길
그 미소와 앳된 말씨

손맛으로 손님 맞아
훈훈한 인심 어우러진 음식 솜씨
하루 입맛 행복하게 하더라
아름다운 산천 안에 있는 산장
아름답기만 하여라

아름다운 산천 새 소리와 보낸 시간
아련한 색소폰 소리 은은하게 산장에 울려

내 맘속 파고들어 애틋한 맘 남아
한 편의 시로 즐거운 그날 읊조려 본다.

가을 사랑

무덥고 힘들었던 날 보내고
높은 창공 맘속에 가을 사랑 느껴
맑고 맑은 흰 구름 속에 둘러싸여
뒹굴어 함께 가는 세월
익어 가야 할 산천 그려 봅니다

가을바람 옷깃에 스쳐 와
황금 들녘 한적한 사랑 나눌 그리움
흠뻑 빠져들어 가을 수놓으니
울긋불긋 산등성 아름다워라
가을 사랑 내 맘속에 안겨 옵니다

가을인 듯싶은 세월일랑 짝해
휘감아 오는 희열 속에 기쁨 수놓은 가을
눈길 멀리 돌려 발길 닿는 곳마다
마주할 가을 사랑 내 안에 안겨
저 산 넘어 황금 들녘 그려 봅니다

내 사랑 무르익어 갈 때쯤이면
낙엽은 한 잎 두 잎 떨어집니다.

첫눈이 내려요

와! 창밖에 첫눈 내려
하얗게 소복이 쌓인다
벅찬 가슴 어린아이처럼
마냥 즐겁기만 하다

얼굴엔 미소
기쁨을 감출 수 없어
첫눈이 온다 첫눈이 온다

하늘에서 내린 하얀 함박눈
내 몸에 안겨 오니
더럽혀진 마음 말갛게 씻긴다

깨끗하게 씻겨
밝아진 눈빛으로 세상을 보니
세상이 아름답게 보인다.

겨울 바다

출렁거리는 바다야
인생들이 차디찬 날 널 찾고 있는지 아니
널 만나려 먼 곳에 와서 줄줄이 기다려
넓은 가슴팍 안겨 마음껏 쏟아 놓는 사연
세상살이 힘들다 보따리 가지고 널 찾아왔겠는가

찾는 이들 하루에도 태산 같아
이런저런 고민 다 듣다못해
해가 서산에 지고 있으니 말이다

인간사 버겁다 넓은 가슴 덜렁 누워 버린 넌들
힘든 세상살이 풀어 놓으니 모두 품으려다
너마저 힘들다 하면 우리 인생은 어쩌란 말이냐
바다야 바다야! 어떻게 하면 좋겠니

인생 달랠 길 없어 힘들어하는 파도야
어찌 얼굴 붉혀 요동하는가.

이런 날 왔구나

맑은 하늘나라 안에 미세먼지
부옇게 숨 가쁜 날 찡그려 화난 얼굴
고통스럽다 짜증 내니 염려 만만치 않다

끝없는 욕심에 찬 인간
어찌할 바 몰라 불편한 심기 내뿜는다
뿌연 미세먼지 바람 타고
여기저기 흩날리어 눈이 시려 코가 매콤하고
호흡 곤란 증세 뿌연 하늘 원망한다

욕심이 바다처럼 잉태된 결과인데
살고 있는 곳 한번 망가진
자연환경 돌이킬 수 없는 근심 쌓여만 간다
누구인들 한탄하지 않으랴

인간과 자연 본래 친한 친구 간이었는데
짝사랑이 낳은 이기심 때문에 고통만 늘어
어리석은 맘 새롭게 사랑하자 한들
강 건너 제 갈 길 바쁘다 가고 있으니 말이다
병든 곳마다 무엇으로 치료되겠는가.

굽어살피소서

만물 소생케 하는 희망이야말로
파릇파릇 솟구쳐 돋아난 새싹처럼
봄 봄 봄이라 하는데
몸과 맘 봄소식에도 암울하여야만 하니
눈 속에만 맴도는 봄인 듯하다

쏜살같은 바람에 실려
코로나19 온 세상 붉게 물들어 가며
고통에 쌓인 거친 숨소리 이만저만 아닐세
인간 능력 힘 있다 한들 어느 것 하나
하늘 아래 개미로다 개미로다

온 땅 어깨춤 으쓱거려
만물의 영장이라 힘주고 있지만
만유 주재이신 진노하심 크고 크길래
이 땅 거친 숨소리 아우성치고 있으니
해 아래 수고가 다 무엇이냐

하늘 호령과 나팔소리 소리
이 세상에 쏟아부어 귓전에 들리지만

아얏 소리 한번 못하는 인생일진대
어리석은 인생 무엇을 자랑한단 말인가.

살기 좋은 괴산

역사에 펼친 느티나무 괴傀 자 유래는
신라 고려 조선 역사 속에 이어 온 굳은 세월
행복한 이름 지금의 괴산이라 한다

역사 속에 정신문화 유산 펼쳐진 기상
대한민국 중심 깃발 이뤄 우뚝 선 충북 괴산
동서남북 세계로 뻗어 가는 희망일세

아름드리 느티나무 정자 아래 쉼터
오순도순 정 주고 마음 주는 내 사랑 정든 땅
유기농 청정지역 먹거리 넘쳐 살기 좋은 곳

풍요롭고 인심 좋은 괴산이라네
아름답고 살기 좋은 괴산이라네.

내 마음 같지 않구나

아무 조건 없이 맘 써가며
애쓰고 힘써 왔건만
아차 싶은 일로 인하여 맘 한 곳 잃어
쓸쓸한 텅 빈 맘 찾아왔다

알 수 없는 아린 맘 꾹꾹 눌러
가슴팍 시려 와 혹독한 바람 안고 보니
열 길 물속은 알아도
번개처럼 온몸을 휘감아 온다

누구를 믿어야 할까 하니
후미진 세상 헤쳐 갈 것 두렵구나
사람이 사람을 믿지 못한 세상이라면
다가올 세상 어떻게 살아야 하나

인생살이 만만치 않아
스쳐 가는 인생 답안 펼쳐 보니
'뱀과 같이 지혜롭고 비둘기같이
순결하라.'는 성경 말씀 쓰여
정신 차려야지 내 마음 같지 않구나.

주님 인도하옵소서

주님! 당신의 종 생각
날마다 살펴주셔서 지혜를 얻어
오늘을 살아갈 용기와 희망을 주옵소서

당신의 종 마음
날마다 견고한 믿음 안에서 오늘을 살아갈
새 힘과 새 영 허락하여 주옵소서

당신의 종 행동
날마다 굽어살피사 발길 닿는 곳마다
은혜로 함께 하여 주셔서
불꽃 같은 눈동자 속에 항상 지켜 주옵소서

당신의 종 삶
날마다 도와주시고 평안과 위로와
감사가 넘쳐 나기를 기도하옵나이다.

날개

날고 싶다 날고 싶다
날 수 있는 날개가 있다면
내 맘 받아 주는 곳으로 달려가
하늘 두루마리 삼아
멀리멀리 훨훨훨 날고 싶다

자유로운 영혼 되어
한가한 맘 찾아 날 수 있다면
엄마 품속같이 날 반겨주는 곳
널리 널리 날아가고 싶다

바람 따라 구름 따라
머물고 싶은 곳 홀로 누워
하늘과 새들 노래 벗 삼아
나 홀로 긴 호흡해 숨 쉬며
자유로운 영혼 되어 날고 싶다.

이 맘 누가 알랴
이 맘 누가 알랴.

밤을 지새워 본들

머리띠 둘러봐야, 무엇하랴
밤이 되도록 만리장성 쌓아 고민해 본들
나 홀로 염려 보따리 껴안고 있어
이 궁리 저 궁리 해봤자
무성한 숲만 더해 오는 것 알 수 있다

두꺼운 눈꺼풀 잠재우지 못해
이리 뒤척 저리 뒤척해
멀뚱멀뚱 천장만 헤집어 봐도
달리 뾰족한 수 없어
근심 둥지만 크게 틀어진다

밤새 몸 써 봐야
작은 키 한 자나 더할 수 있더냐
들녘 잡풀만 무성하게 자란다

한날의 괴롬 그날 족하니
내일 일 가져와 오늘에 근심 말라 하신다.

어미 닭

눈 뜨면 노심초사
어린 자식 가는 길 힘들다고 맘 써
혼자 가면 안 되니 함께 어울려 가라 하시는 어미 닭
이제나저제나 자식 걱정 늙어진 맘
품고 온 그 세월 얼마랴 짧지만 않아 보이니
해가 뜨고 달이 가도 관심과 사랑이 남더라

이것이 겉사랑인가 속사랑인가 물어보니
세월 속에 묻어난 아름다운 속사랑이라
해가 뜨고 해가 져도 달이 가고 세월 지나
그 사랑 흘러넘쳐 변함이 없더라

고귀한 사랑이 아닌가
맘 써 두고 생각해 보니
홀로 선 외로운 길 스스로 터득한 어미 닭
잠시라도 주춤주춤하면 안 될세라
기회만 있으면 함께 가라 함께 가라 외침
귓가에 들려지는 그 울림 지금도 쟁쟁하더라

세월 지나 그 사랑 어찌 잊으랴

이곳저곳에도 변함없이 펼쳐질 속사랑
깊어만 가는 가을 하늘 아래
나 홀로 생각해 보니
헤어져야 할 시간 가까워지니 그리움 성큼 다가오더라.

한 알의 밀알

돌아보면 깊고 깊은 사랑 느껴 온다
내 인생 책갈피 속에서 꺼내 보니
당신과 함께한 세월 세어 보니 알 것 같다
오랜 침묵 속에 담근 보석 같은 삶이었다

한 알에 밀 죽어 꽃이 피어났다
살아가면서 그 손길 잊으리오
깊어만 가는 세월 당신을 생각하노라면
내 영혼 깊은 곳에서 감사로 노래한다

지금 와 가슴 깊은 곳 쌓여
거칠어진 손길 내 안에 깊이 묻고
세월 한가운데 안겨 수놓은 사랑의 편지
일기장 한 장 한 장마다 펼쳐진 사랑
하루 곱게 물들여 예쁜 사랑 그려 간다.

봄봄 봄이란다

봄봄 봄이란다
꽃바람 살랑살랑 살갗 스쳐 와
봄이 왔다 봄이 와
봄처녀 가슴 꽃 피어났다

뭉게구름 뭉실뭉실 춤추고
개나리꽃 진달래꽃 봄바람에 신나
연녹색 파릇파릇 희망 속에
꽃망울 수줍은 듯 미소 지으며
고개 들어 산천이 춤을 춘다

봄바람 난 하늘과 땅
온 천하 싱글벙글 봄이 왔다 나팔 부니
봄처녀 바람 났네 바람 났어
사방팔방 바람 났네 꽃바람 났다네.

누가 빈 의자라고 하더냐

거친 숨 고르며 눈길 돌리는 중
아주 후미져 그늘진 곳
묵묵한 빈 의자 둘이 한맘 이뤄
이리저리 휘둘러 짓눌려도 어느 한 사람
싫다 외면하지 않고 자기 자리 굳게 지켜 나가
힘들고 지친 영혼 쉼을 주고 있다네요

곤비한 속사람 갈 바를 몰라
놓은 곳에 의지해 쉼을 얻고자 할 때
신분 따라 눈총 줘 차별 주지 않고
넓은 품속에 안아 준 의자로 위로받는다

무슨 옷 입었나 관심도 두지 않을 뿐더러
서슴없이 자신을 내주는 너와 같은 자
하늘 아래 의자 같은 쉼터 얼마나 될까 물으니
입술 맘껏 열어 지혜롭다 하는 자들이여!

사람들 알아주지 않는다며
불평하지 않고 굳게 닫힌 너의 입술
누가 뭐라 해도 침묵으로

맡겨진 자랑일랑 몰라 숨은 천사라
너를 바라보는 눈 속에 비치인 모습
맘속에 눈시울 뜨겁게 한다

두 맘 속내 속에 가운데 달아오른
허울 좋은 입씨름 천사의 나팔 불어
천사의 얼굴로 미소 짓는 사람아
빈 의자 의로움에 느껴지는 바가 없나
이 세상에서 너를 진정 안다면
누가 너더러 빈 의자라고 말할 수 있더냐.

제3부 세월은 인생을 말한다

인생은 세월 속에
늙어 가는 것은 순리이다
누군들 거역하겠는가
세월은 인생을 재촉한다

지금은 어떠신지요

오늘 하루 보내고
몸과 맘 쉼을 가지고 있을 그대
오늘 잘 지냈나요
안부 묻는 것 일상화되었습니다

혹시 몸이 피곤하지 않냐고
심기는 어떠한지요 묻고 싶어 한다
힘내라고 응원하여 손짓하니
이것이 진정 내 안에 사랑입니다

열심히 살아가는 그대 모습
잠시 떠올라 흐뭇한 미소 짓습니다
그대를 향한 맘 감출 수 없어
한결같은 소식 하늘 향해 묻곤 합니다

하루 잘 보냈으리라 하지만
나는 스스로 위로해 보곤 한다지만
어쩔 수 없는 궁금증 때문에
오늘도 그 말 한마디가 떠오릅니다

함께 나눌 수 없는 그곳이지만
맘과 맘 곁에 살아 있어
산 넘어 산 향해 두 손 모읍니다.

그런 친구가 좋아요

당신이
내 곁에 있으면 좋고
마음 편해 위로되는 사람이라
난 그런 친구가 좋아요

보고 싶을 때
마주할 수 있고 외로울 때
하고픈 말 재잘거릴 수 있어
마음의 피난처가 되는
난 그런 친구가 좋아요

홀로 외롭고 힘들 때
무슨 말하더라도 편하고 좋아
그때그때 마주할 수 있어 좋아
난 그런 친구가 좋아요

엄마 품 속에 파고들어
보금자리 같은 포근한 맘 있어
영혼 깊숙이 사귐 있어
난 그런 친구가 좋아요.

두 손 모읍니다

그대가 근심된 일로
잠 못 이루고 허공에 대고 씨름할 때
수축한 모습 찾아올 때면
주름 잡힌 마음 아프도록 조여 옵니다

애틋한 맘 아린 가슴
평안하기를 소망하며 힘내세요
혼잣말로 중얼거릴 때
그대가 듣는 것 같아 위로됩니다

사방으로 둘러싸여
홀로 문제 싸안고 가려 하지만
무성한 숲 앞에 가려질 때
그대 아픔 내 아픔으로 자리 잡습니다

감당하기조차 힘든 세월
그 맘 알 것 같아 그냥 지나치지 못해
내 눈길 멀리할 수 없어
그대 향해 두 손 모아 봅니다.

깊어 가는 인생

가을 붉게 물든 날
노을빛 낙엽 떨어진다

잠시 머물다 갈 인생
주름 잡힌 나이 하나씩 늘어 가면
인생은 축나고 세월 지나
흔적만 남겨 놓고 떠나는 나그네라

아무리 해도 잡아 두지 못할 세상
누가 잡을 수 있나 지나가는 그 세월
후두둑 떨어질 낙엽처럼 될 인생
있다가 없어질 안개와 들풀 같은 인생이라

우리 모두 잠시 머물다 갈 인생인데
세월은 비웃듯 말한다
욕심이 다 무엇이랴 또 묻는다.

문자

알 수 없는 카톡 소리
귓전에 들려 톡탁! 톡탁!
소리 울릴 때면

문자는 앞다퉈 입 열어
사랑 눈길 받으려 눈길 주려고 애쓴다
많은 문자 구분하기 어려워
누구냐 따라 마음 열리고 닫힌다

흰 공간 나열된 곳에
요즘 문자가 홍수 이루고 있지만
사랑의 공간이 남아 있을 때
울림 없으면 벨 소리가 그립지요

사랑의 숨결 교차할 때마다
마주할 수 없으나 본 것처럼 느껴
문자 속에 향기 잘 드러나
맘과 맘 주고받는 사랑의 방 됩니다.

이름 석 자 그리움

곱디고운 사랑 잊을 수 없는 추억
잊으려고 해도 잊을 수 없는 무전여행
그 옛날 이름 석 자 살짝 묻어 둘래요

들에 핀 꽃 언제인가
알 수 없는 달빛 안아 그리움 맴돌아
소복소복 쌓여 지나간 세월
나이도 몰라 얼굴도 몰라
한 송이 꽃 이름 석 자 피어나 있네요

하늘 아래 어딘가 피어 있을
한 송이 꽃 사랑 속에 맺힌 자리 얼마인가
흘러간 그 세월 얼마인가
하늘 속 하얀 구름 속에 묻어 놓고 보련다.

지금 와 생각해 보니

어느 날 토닥토닥 왕왕거려
설왕설래 숨 가쁘도록 다퉈
큰 눈 부릅떠 눈썹 휘날려
분이 차 달아오른 열기 쏟아낸 것

불편한 심기 뿜어내려 할 때
눈 딱 감고 큰 심호흡 내쉬어
세 번만 호흡해 참아 냈었더라면
얼마나 좋았을까 생각합니다

그저 남 눈 티만 보려고 애써
내 눈 속에 들보 보지 못하고
어리석은 입술 크게 열어 봤지만
누가 누구를 판단하는가 말이오

날 밝은 날 눈 들어
거울로 비친 내 심령 병들어
흠집 나 있는데도 불구하고
나 자신 보지 못해 고개 숙이게 됩니다.

인연

알 수 없는 만남
숨 고르며 물 흐르듯 흘러
사뿐사뿐 찾아오네

인연이라고 함은
소중한 만남
오가다 스쳐 간 시간 속에 만남
익어져 가는 세월 속에

세월 따라
두 글자로 안겨 와
깊이 새겨져
깊어만 가는 세월

어느 날
철필로 엮여져 쓰인
아로새긴 곳에
하늘이 맺어 준 인연이라.

작은 천국

즐거운 여행도 잠시뿐
집에 돌아오는 날이면 가족 얼굴
바람 따라 사랑방 훈기 솔솔 불어와
내 안에 그리운 얼굴 다가옵니다

누가 큰 집 작은 집 살고 있나 묻는다면
묻는다면 난 말할래요
작은 집이면 어때요 내 집인데요
이보다 좋은 쉼터 있다면 누군가 말해 봐요

아무 때나 맘껏 눕고 자도
아무도 뭐라 눈총 줄 사람 없으니
이곳은 내 안에 작은 천국이라 할 수 있어
내 영혼에 소중한 안식처입니다

가족 울타리 맘 둘러싸여
오순도순 혈연의 정 맺어진 푸른 초원일세
부모 자식 한자리 둘러앉아
내 안 사랑의 숨결 느껴질 때면
이 땅에서 작은 천국 안식처랍니다.

호흡

내 사랑에는
당신의 향기가 뿜어지고

내 맘속에는
당신의 사랑이 전해지고

내 가슴에는
당신의 편지가 전해지고

내 숨 속에는
당신의 말씀이 들려지고

내 눈 속에는
당신의 축복이 내려지고

내 영혼에는
당신의 심장이 녹여지고

내 삶 속에는
당신의 호흡이 느껴집니다.

향기로운 만남

차 한잔 나눌 때 싹튼 정든 맘
향기로운 만남 담겨져
차 한잔 속에 담긴 사랑의 나눔
사랑스런 차 한잔 열기 속에 마주한 사랑

작다 싶은 말 한마디라도 진실을 주고받은 말
이런저런 말 한 울 안에서 통한 여유
한잔의 나눔 내일의 사랑 싹튼다

작은 것 하나라도 정성껏
소중한 맘 담겨 진정 함께 할 때라면
시간의 소중한 맛 낸답니다
오늘 만남 내일의 기쁨 낳는다

지나쳐 버릴 수 있었던 관계라도
돌아볼 수 있는 관계가 되었다면
한잔의 차로 이룬 작은 기적이라
오늘이야말로 사랑 금자탑 쌓은 날이라 한다.

한번도 경험하지 못한 일

이제나저제나
붉게 멍든 가슴 하늘 보고
땅과 바다를 봐도 밀려오는 파도뿐
한번도 경험하지 못한
고통 씨앗 온 세상 뿌려졌다오

인ㅅ과 인ㅅ을 두려워하여
생명거리 펼쳐라 먹거리 문 닫아라
사방 읊어지는 거친 소리
마주 보면 주춤거린 맘 뭘까
이것 뭘까 뭘까 하니 두려움일세

뾰족한 날 선 검 재난일세
누가 막으랴 물으니
나라님마다 내 코가 석 자라 하니
어쩌랴 온통 아우성치고
곡간은 축나고 있으니 어찌하랴

세상 박사 앞다퉈 봐도
뭐라 할 수 없어 어쩌란 말이냐

바람은 백신뿐이라 하는데
암만 계산해도 답이 없다고 한다

역사의 주인이신 만유 주께
이 불쌍한 인간을
굽어살피소서 살피소서.

이 죄인 병들었나이다

강력한 빛 성령의 역사 속에
부끄러움 일일이 들춰져
숨겨진 속내 드러내지 않으려 해도
남김없이 드러나
하늘 아래 피할 수 없는 순간입니다

겉과 속 바리새인 같아
심령 골수까지 찌든 죄 된 모습
회칠한 무덤 입 열려
눈물로 뼛속 깊은 것까지 고백하니

이 죄인 어찌 하오리까
죄와 허물로 인해 죽게 되었나이다
가슴이 문드러지고 가슴이 시려 와
내 영혼이 병들었나이다

긍휼하신 은혜로 용서하소서
내 죄 씻어 정결케 하옵시고
정직한 영 허락하여 주옵소서!

코스모스

가냘픈 몸매 산들산들 바람 날려
하나 둘 셋 모여 넘어질 듯 넘어질 듯하다가
촘촘히 에워싸 엉기듯 버팀목 이뤄 간다
에워싸도 모여진 사랑 세찬 바람 막아내
초원 가운데 만발한 꽃 지혜로 모인 코스모스이다

자신 드러내지 않아 화려하지도 않지만
잘났다 드러내 뽐내지 않고 수줍은 듯 고개 숙여
웃음 띤 은근한 꽃 코스모스 은은한 색깔 나눔의 정
누구 하나 잘났다 하지 않고 자랑하지 않는다

장미가 왕중왕이라고 말하지만
내가 보기는 얼른 화려한 것 같고 예쁜 것 같으나
그 예쁨도 잠시 시든 꽃 보면
코스모스처럼 내 마음 완전히 사로잡지 못한다

코스모스 한 송이 별거 아닌 듯싶지만
들판 코스모스 꽃을 보면 천국 같다
난 꽃 중에 꽃 왕중왕은 코스모스라고 알리니
내 가슴에 안긴 코스모스 사랑은 영원하다.

사각모

나라가 가난하여 가정도 쪼그라들어
하루 밥 먹기조차 힘들 때 공부가 다 뭐야 할 시절에
하고픈 공부 너나 나나 접어야 할 그 시대였다

바쁜 세상살이 묻혀 살다 보니
배움의 일터 추억 속에 감추어진 사각모
강 건너 남의 나라 일인 양 세월 따라 빛바랬다

가슴에 맺혀 온 사각모 부럽고 그리웠지만
정신없이 살다 보니 멀어진 사각모 간데온데없고
세월만 자기 자리 지키고 있어
배움터 나와 인연이 없는 것으로 지금까지 알았다

지난 세월 흘러 인생을 더듬어 갈 때
사각모 그냥 바라만 보아야 했던 얄미운 긴긴 세월
쏜살같이 흘러 사각모 말하기를 눈 들어 보세요

아! 귓전에 들려오는 소식 한국방송통신대학!
 내 안에 들어와 지금껏 통신대학 생각지 못했을까 하는
맘에

정신없이 달려와 묻어 두었던 사각모 새록새록 떠올라
　배움의 열기 살며시 다가와 왜 망설여 있기만 하느냐 재촉
한다

　배우고자 하는 꿈 열려 마냥 기뻐 감사한다
　한 자 한 자 짚어 가며 밤이 되도록 배움의 열정 불타오르니
　외로운 싸움도 날려 보내 기다림으로 마주한 사각모
　나 홀로 선 외로운 싸움 모두 모두 이겨 나가게 한다.

얼마나 아팠을까

그대가 눈시울 속에 보낸 아픈 세월
보고파도 볼 수 없는 엄마 얼굴 까맣게 몰라
그리워질 때면 달님밖에 볼 수 없었을 텐데
그림자 속에 가려 볼 수 없을 때 얼마나 아팠었을까

순간순간 엄마 생각에 남몰래 울어야 했겠지
홀로 싸안고 가는 그리움 아무도 대신 못했을 텐데
어려서부터 엄마가 그리운 세월 싸매온 지 몇 해인가
남몰래 무척 가슴 아파 울었다고 한다

그림자 속에 숨겨진 외로움 홀로 감당하기엔
힘들 때 꼭꼭 눌러 이겨 낸 허기진 세월 얼마런가
그리움도 험악한 세월 속에 감춰져 물러나 있었다

숨 가쁘게 살아온 날들 이겨 내느냐고
눈물도 말랐었고 아픔도 잊은 채 앞만 보고 갔겠지
잔잔한 눈물 고여진 세월 호수 되어
할 수 없는 세월 지나 광야 속에 꽃이 피어났다.

자유로운 영혼이길 바란다 　제4부

세상살이 힘들다 해도
나만이 갖는 공간에서
자유로운 영혼이길 바란다

자유로운 영혼이기를

응아! 울며 태어난 것 똑같아도
인생 살아가는 길 달라도 너무 다른 길
내 의지와 달리 살아가야 하는 머나먼 인생길
싫다 싫다 하였지만 주님 앞에 거역할 수 없어
이 길은 내 길이라 주 안에서 고백했지만
아닌가 싶어도 벗을 수 없어 홀로 애만 썼다

맘속에 남아 세월만 흘러 흘러가다 보니
잊었던 서원 떠올라 영혼을 흔든다
내 바람이 아닌 그분 부르심에 응답하였고
친히 간구해 입술로 토해내 주의 길 가겠다 하니
기도 중 깜짝 놀라 깊은 신음 중에 잠겨
그 세월 머뭇머뭇 몇 년을 흘러보내야만 했다

다른 사람 그 길 힘든 길을 왜
눈물 없이 못 가는 길 고난의 길이라고 한다
난들 한번도 가야 할 길이라고 말한 적 없다
돌이킬 수만 있다면 얼마나 좋을까 했지만
주님 부르심에 모든 것 내려놓고 무릎 꿇었다

주의 종 이전에
나는 자유로운 영혼이기를 갈망했었으나
주의 뜻에 따라
세월 지나 지금껏 왔다

영혼 속에 펼쳐진 주님의 세계 속에
세월 지나 믿음의 눈으로 온전히 돌아다보면
내가 진실로 이 길은 가야 할 길이었어라
진리의 길 영광의 길 소망의 길 되었다.

왜 몰랐을까

인생은 아름답기만 하더라
어떻게 살아가는 길 몰라
남은 삶 잘 잡아 보려 애써 보지만
발만 동동거려 허둥거려 세월만 보내더라

이것이 뭐지 이것이 뭘까 하지만
늦게 깨달아 기웃거려
뭔가 잡아 보려고 분주하지만
많은 사람 뜻 이루지 못해
불안과 초조한 마음 잠재울 수 없더라

길고 긴 남은 세월 어떻게 보낼까
눈앞에 닥쳐 지금에서야 애써 본들
내일이 잘 계산되지 않은 당황한 세월
아하! 준비되지 못한 지난날
이제 와 생각해 보니 후회만 남더라

어떻게 할까 어떻게 하면 될까
이리저리 먼 산 바라보고 또 바라보면서도
이 생각 저 생각 거미줄 집 짓고 있어

준비되지 않은 마음
물 흐르듯이 세월만 흘러보냈더라.

기다림

강풍에 휘날려 가던
쏜살같은 세월이라 보고만 있어
움켜잡지 못해 아쉬워 눈물로 얼룩져
그리움만 촘촘히 남긴 인생일진대

바람같이 구름처럼 흐르던 세월
갑자기 멈춘 것 같아
왜 그럴까 왜 그럴까 물으니
앞다투어 가던 세월 멈춰 버린 것 같아
내 안에 머무른 것 같아요

뭐 때문일까 묻고 또 물어보니
기다림에 지쳐 시간 가는지 몰랐네

아! 그랬었구나 애타는 기다림
하늘 구름 속에 가려져서
애간장 태워 그리움만 녹아 버려
시간은 간데온데없고
기다림만 남아 시간은 머물렀었구나.

날마다 숨 쉬는 순간마다

산을 향한 거친 심호흡 소리
홀로 받으시는 당신께
밤이 되도록 무릎 꿇고 씨름하니
위로의 맘 연기 되어 올라갑니다

날마다 숨 쉬는 순간마다
맺혀 온 영혼의 숨소리
약속을 믿고 의지할 때
새 힘과 새 영을 주십니다

영원한 햇살 스며들어 와
포근한 뜰 안에 안겨
평생 소망하며 살아갈 때
오늘의 삶 충만합니다

두 손 모아 향기 올린
오랜 세월 낳은 사연 금 대접 속에 쌓여
당신의 때 당신의 방법으로
당신께서 응답하여 주시고
넘치는 은혜 내려주셨습니다.

세월이 말한다면

암울한 세월 속에
방콕방콕방콕 언제 마스크 벗어야 하나
정체 모를 코로나 돌림병
세계만방 고개 설레설레한 지 얼마인가

하늘 아래 우레와 같은 천상 소리
한점도 흠 없는 역사의 뜻이라면
하늘이 정한 이치라면 무슨 말하랴

어찌하랴 인생들이여!
떠돌아다니는 인생 몫이라 한다면
이 어찌 거역하리요
숨죽여 가야만 하지 않겠느냐

온 세상 슬픔 끌어안고 있어
아파하며 견디어 보고 눈 들리라
바람아 세월아 울지 말자.

충무공 김시민 장군

임진왜란 흑암 세력 맞아
사천, 고성, 진해, 거창, 금산 승승장구
전투력 발휘하여 왜군 무찌른 곳
황량한 벌판 숨 가쁜 말굽 소리와 함께
충무공 김시민 장군 승리의 함성

살아생전 충무공 김시민 장군이여!
탁월한 전술 전략 펼쳐 가며
타오르는 불굴 애국정신 진주성 벌판 지켜
악전고투 끝에 왜군 물리쳐
진주대첩 승리로 이끈 당대 명장이구려

지금에 와서 생각하매
"하나밖에 없는 목숨 바쳐
내 나라 내 민족 나로 지켜진다면
이 목숨 죽어도 아깝지 않았을 것을"

살아생전 애국정신 메아리쳐 와
민족의 정신 고동친 역사 기상 받아
가슴 불타는 애국심
그날의 애끓는 나라 사랑 민족의 기상 일깨웠다.

독도

울릉도 동남쪽 동경 131° 북위 37°
신라 지증왕 13년(512년) 섬나라 우산국
민족과 함께 희로애락 나눈 독도
우리의 국토 대한민국이라 한다

하늘로 우뚝 치솟아
쌍갈래로 눈 밝혀 파수꾼 된 독도
대한민국 수호해 온 땅이여!
긴 세월 늠름한 독도의 세찬 기상
좋은 날 궂은날 조상과 함께 싸워 온
내 나라 내 땅 대한민국이다

하늘이 내린 수호의 천사
하늘도 알고 땅과 바다도 알건만
누가 이 땅을 감히 넘보는고
쏜살같은 세월도 웃고 있지 않나 보라

신비한 천연 바다 독도
몰려오는 폭풍우 거친 비바람 견뎌 온
조상의 얼과 혼 담긴 기상 소리 우렁차

밤낮 굳게 지켜온 수많은 세월
내 조국 대한민국 세월 따라 함께 가리라

오늘도 내일도 세상 끝 날까지
독도는 홀로 있지 않아 외롭지 않다
양팔 벌려 기지개 펴 떠올라 대한민국을 굳게 지켜
찬란한 빛 가운데로 솟아올라 부르짖어
민족의 혼 깨워 갈매기 조국의 날개를 편다.

광복절 光復節

아! 조국아 울어라
마음껏 울어라 기뻐하라 그리고 웃어라
꿈속에서라도 그리던 해방의 날이니라

애국 독립투사 가슴에
서릿발 날리는 칼날에도 굴하지 않고
불굴의 의지 불태우던 그날들
한 맺힌 긴 세월 그 얼마던가

자유 대한민국 해방을 위해
'이 한 목숨 버려
한 줌 재가 된들 무엇이 두렵던가.'
이 강산에 뿌려져 꽃 되리라
외치던 순국선열들이여!

꿈속에라도 그리던 광복의 날 이뤄
포로 된 자로 자유 찾으니 울분아 끓는 가마야
마음 둘 곳 없던 날 잊고 자유를 누리자.

현충일 顯忠日

오월 가정의 달 지나
연녹색 오월 계절 속에 묻혀 있다가
유월이 오면 울먹인 스산한 바람 불어와
차오르는 아픔 누르지 못해
온몸 휘감아 뼛속 깊이 새겨진
온 겨레의 슬픔 바다를 이루었습니다

죽느냐 사느냐 기로에 선 나라
내 한 목숨 바쳐
대한민국을 구할 수 있다면
청춘을 불살라 죽음으로 대신하겠다는
순국선열들의 비장한 각오
유월에 부는 바람 향기로 다가옵니다

젊은 피 얼룩진 지도
이 나라 이 강산 위해 충성 다해
꽃도 피우기도 전 떨어져
나라 지킨 순국영령들이여!
한 줌의 흙 되어 생명 꽃 피웠다
이 땅에 평화 가져온

자랑스러운 호국 영령들입니다

산천초목 아름다움
눈과 맘 마음껏 자유와 평화 누려
오늘을 사는 후손들 맘속에
어찌 잊으리오
대한민국 호국 영령 꽃들이여!

잊지는 말아야지요

슬프도다 슬프도다
아름다운 팔도강산에
역사의 암흑기 맞아
가슴 응어리진 한恨 서려
새벽 봇물 터져
눈물이 바다를 이룬 날입니다

초여름 서릿발
민족 분열의 날 총부리 겨눠
죽음의 공포 몰고 온 전쟁
1950년 6월 25일 새벽
남쪽으로 남쪽으로
북한군 쳐들어온 날입니다

붉은 그림자 숨어들어
사방으로 미친 듯 달려들어
암울한 고통 역사 쏟아부어
죽음을 가져온 날입니다

붉게 물든 피비린내

이 강산 할퀴고 간 화마火魔
눈 뜨고 볼 수 없는
널려진 숲을 이룬 날입니다

자유 대한민국 수호천사
죽음 세력 물리치고
피 흘려 나라 지킨 순국 영들이여!
나라 사랑 한 줌 흙 되어
무궁화 꽃으로 피어나셨습니다.

새봄은 언제 오려나

어두운 권세 몰려와
빛을 에워싸더니
이 땅, 혼란 그림자 솟아
하늘 아래 이런 일 다 있으랴

음흉한 달 떠올라
밝은 빛 삼켜 어쩌란 말인가
힘으로 능으로 안 돼
산 고통 한 알에 밀알 되었구나

시리고 저린 가슴 하늘 아래
어두운 권세 앞에
덫에 걸려 넘어진 포도나무
후끈 달아오른 민심
하늘 우러러 부르짖습니다

어쩌다! 이렇게까지 수얼수얼
알 수 없는 큰 얼굴
붉은 마력 속에 잠겨 버린 큰 산
숨겨진 곳마다 사악한 영

꼭꼭 둘러싸여 있어
시든 무궁화 새봄은 언제 오려나.

자유의 함성

비가 오나 눈이 오나
세찬 비바람 몰아쳐 올지라도
조국을 위해 이 한 몸 드려 예배 드려
나라 걱정에 밤낮으로
부르짖는 광야의 기도 소리 들린다

이 나라 파도치는 물결
나라 사랑 불굴의 의지 벌 떼처럼 일어나
애국 물결 힘찬 함성 태극기 높이 휘날리니
달구어진 민심 불길같이 일어났다

온 백성 하나 된 애국심
나라 바로 세워 살리겠다고
정치도 몰라요 욕심도 몰라요 설거지밖에
오직 나라 걱정 순수한 맘에 모여
울려 퍼지는 내 나라 내 사랑 불타
가슴 복받쳐 끓어오르는 애국심

이 강산에 눈물 쏟아부어
애끓는 불굴 함성!

아! 아! 대한민국 살아 있는 애국심
팔도의 민심 구름 떼처럼 쏟아져 나와
그날 울분의 함성 널리 퍼져 알려졌다.

부활하셨습니다

예수님의 사랑
우리는 제 갈 길 갔지만
인간을 끝까지 사랑하셨습니다

그가 죽으심으로
우리 죄가 함께 죽고,
그가 부활하심으로
우리도 함께 부활의 영 받아
영생 허락을 받았습니다

이 땅에
원수를 다 물리치시고
다시 살아나시어
인류를 구원하셨습니다

만왕의 왕께
영광 돌리세 영광 돌리세
우리 함께
소리 높여 기뻐 찬양합시다
할렐루야 아멘.

기쁘다 구주 오셨네

온 세상 강력한 빛 비쳐
구주 나셨다 구세주 나셨다!
하늘 보좌 영광 내려놓고
육신 옷 입으시고 평화의 왕으로 오셔
낮고 천한 말구유 나셨으니
인류의 겸손 옷 입고 섬기러 오셨다

천지진동할 만한 놀라운
우렁찬 구원 감격 솟아나니
하늘 아래 기쁨 있다 한들
이보다 큰 기쁜 소식 또 어디 있는가
이 땅 만물들아! 물으니
이전에도 없고 앞으로도 없을 것이며
영원히 없다고 한다

세상에 소망의 닻을 세워
어두움 가고 영원한 생명 빛 비쳐
흑암의 세력 이길 하늘 권세 설파하니
세상 임금 벌벌 떨고 있어
갈팡질팡 허둥대며 쫓겨 갔다

율법과 죄가 왕 노릇 하지 못하고
죽음에서 자유하게 하셨으니
만왕의 왕께 영광 돌려 영광 돌려
소리 높여 찬양하세 찬양하세
하늘에는 영광이요 땅에는 평화로다.

주님 감사합니다

주님이여!
봄, 여름, 가을, 겨울
그리고 또…

주님의
불꽃같은 눈동자
언제나 변함없는 사랑
큰 은혜 내려주셨습니다

주님의
강렬한 눈빛 비쳐
불같은 사랑 품어 주시어
굳은 맘 녹아내려
부드러운 맘 되었으니
내 영혼 말갛게 씻겼습니다

주님의
거룩한 뜻 내 안에
머물러 향기 날리어
복음의 나팔수 되었습니다.

김인식 시인의 시세계

해설

[해설]

신앙으로 투영된 삶의 빛
― 김인식 시인의 시세계

박건웅 | 시인, 대한기독문인회 고문

1. 열정과 겸양의 시인

첫 시집 『아름다운 세상이 되었습니다』를 출판하고 이번 두 번째 시집 『아름다운 세상이 보입니다』를 내놓는 김인식 목사님께 먼저 축하의 말씀을 드린다.

김 목사님은 등단 이래 중앙의 한국시인연대, 광나루문학회를 비롯해 지방의 여러 문학 단체에 참여하여 창작 활동을 해 오는 동안 중진 중견 문인들과의 교류도 활발한데 첫 시집에 이어 두 번째 시집의 해설도 필자에게 의뢰해 온 문정에 고맙다는 말로 대신하고 둔필이나마 펜을 들면서 이제부터 호칭을 시인으로 부르고자 한다. 김인식 시인은 기독 정신과 사상이 몸에 배인 정열적인 목사 시인이며 긍정적

사고를 가진 분이다. 그의 시들이 이를 잘 대변해 주고 있다. 이는 김 시인에게 평소의 생활에서 다져진 기독정신이 정감이 되어 그의 시와 접촉이 이루어진 때문이라고 본다.

김인식 시인은 본래 천성적으로 성품이 온유하고 명랑한 분이다. 다시 말하면 청산처럼 평안하고 호수처럼 잔잔한가 하면 계곡의 물처럼 맑은 시인이다. 덧붙여 말하면 겸양의 덕을 지닌 목사님으로 신앙 목회가 곧 그의 체험이고 그 신앙은 삶의 체험에 접목되었다고 생각된다.

교회 담임 목사님으로서의 특수한 체험은 생활의 한 축이고 초석이기에 신앙을 바탕으로 한 시들이 한 편 두 편 창작되고 있다 하겠다.

이제껏 하나님의 품 안에 살아오면서 복음을 전하는 한 편 시를 창작해 온 김인식 시인의 두 번째 시집에 상재한 70여 편의 시들은 크게 4부로 나뉘어지는데 1부는 신앙과 두터운 가족애, 2부는 자연과의 교감 및 향토애 이웃 사랑, 3부는 문명이 가져다 준 생활의 단면과 사회 현상, 4부는 삶의 여정과 국가관 민족의식을 노래하였다.

이 시들 전편에 맥을 이루는 공통점은 신앙이 그 근간이 되고 있는 점이다.

2. 피어오른 영혼의 불꽃

김인식 시인은 교회의 담임 목사 하는 신분에서만이 아니라 평소 생활에서 다져진 인품 교양과 정의감 그리고 착

한 심성이 조화를 이루어 진실한 삶의 초석이 되었고 여기에 체험 등이 작용하여 시편마다 인도주의적 휴머니즘을 들여다볼 수 있다.

그중 한 편인 이 시집의 표제가 된 시를 읽어 보자.

 행복한 삶 살기에도 힘든/ 짧은 인생일진대 어찌 맘속이 뒤틀려/ 휘둘려 꼬일 대로 꼬여 있어/ 속사람 어디 가고 겉사람만 남았는가∥

 아옹다옹 도토리 키재기로/ 속사람 주름살 쌓여 겉늙어 시든 영혼/ 미움 다툼 시기 질투 자리 잡아/ 독처하는 방 쌓여 뼈를 마르게 하지 않겠느냐∥

 진실로 진실로 빛 발하여/ 그리스도 사랑 안에 비추어진 세상 가운데/ 강퍅한 그늘진 맘 큰 사랑으로 녹여/ 앙금이 가서 아름다운 세상이 보입니다.

―〈아름다운 세상이 보입니다〉1, 2, 4연

독백적 교훈적 성격의 이 시는 구조로 볼 때 운율이 시조 못지않게 흐름에 막힘이 없다. 운율은 시에서 혈관 같은 것이다. 물론 이 시는 내재율을 지닌 자유시이나 선율이 계곡 실개천의 흐름 같고 어조는 차분하면서 경건하다.

이 시는 내용상으로 제목부터가 긍정적인 분위기를 자아내며 시인의 개성적 발상이 역력히 보인다. 따라서 시인의 눈과 마음에 비친 세상 사람들의 양상을 제재로 하여 삶의 전환을 희구코자 하는 시인의 사유와 철학이 내재되어 있다.

마음 가지기에 따라 세상은 아름답고 가치 있는 세상이 될 수도 있는데 다툼으로 해서 아픔과 슬픔을 겪어야 하는 현상을 지적하고 개탄하면서 그리스도의 사랑의 영역에 들어와 서로 이해하고 사랑하며 살아가는 세상 즉 아름다운 세상에서의 삶을 살아가자는 소박한 바람을 읊고 있다.

부언하면 그리스도의 사랑 안의 삶이 바로 아름다운 세상이라는 시인의 정신과 사상이 시로 엮어졌다고 본다.

다음은 김인식 시인이 젊은 날을 회상하는 중에 아내에 대한 미안한 마음을 읊은 시를 읽어 보자.

젊은 날 떠올려 보려고 하면/ 하루를 수년같이 수년을 하루같이 달려와/ 주의 길이라고 당신의 거칠어진 손 //

젊은 날 사역 이유로/ 눈길 한 번 제대로 주지 못한 아내에게/ 지금 와 생각해 보니/ 잃어버린 시간 보상할 수 없는 세월/ 아내에게 아쉬운 말 오늘에야 남깁니다 //

눈물 없이 갈 수 없는 길/ 함께 앞만 바라보고 달려온 길이었소/ 힘들어도 달려야 했고 멈출 수 없는 것/ 이 길은 고난이라 할 수 없어/ 홀로 싸안고 걸어와 거칠어진 손 되었습니다 //

나 혼자는 갈 수 없는 길/ 아내와 몸과 맘 함께한 수십 년 지난 오늘/ 당신은 진정 나의 동역자요/ 내 인생 동반자였음을 고백합니다.

— 〈거칠어진 손〉 1, 2, 4, 5연

부부애를 제재로 한 이 시는 아내에게 자상한 남편이 되어 주지 못했음을 솔직히 표현하였는데 마치 고해 성사 같은 모습을 보여 주는 듯하다.

　1, 2연은 시적 화자가 여러 해 교회 일에 사역하는 동안 가사를 돌보느라 손마저 거칠어진 아내에게 미안한 마음을, 3연은 고충 고됨을 내색하지 않고 묵묵히 남편을 내조한 아내의 수고 그 고마움을, 4연은 목회가 고난의 외길이지만 인내하며 도운 아내의 노고를 5연은 지금까지 해온 것같이 앞으로도 동고동락을 함께 할 동반자임을 토로하였다.

　다시 말하면 이 시는 시적 화자가 젊은 시절 교회 일로 아내를 미처 살피지 못하고 세월을 보냈는데 그 세월 아내는 남편을 도우며 가사에 전념하느라 손마저 거칠어졌음을 보고 아내에게 미안함을 느끼면서 시화한 감상적이고 고백적이며 격정적인 시로 김인식 시인의 진실되고 소박한 마음이 잘 드러난 시다.

　이 시의 전반을 들여다보면 김 시인에게 교회 사역은 그의 사명이고 인생 편력이라 하겠다. 담임 목사로 바쁘다 보니 다소 가정을 소홀히 한 점이 있었던 듯하다. 늦게나마 김 시인은 아내에게 미안한 마을을 금치 못할 것이다.

　그래서 김 시인은 마음속 일렁이는 미안한 감정을 포근하고 풍요로운 시의 시구를 매개로 서정의 세계를 보여 주고 있다.

　이 시는 서정적 자아의 가슴에서 우러난 진심인 만큼 마음의 운으로 읽고 감상해야 할 것이다.

3. 진솔한 마음의 울림

　김인식 시인은 현재 충북 괴산에서 사역하는 목사 시인으로 향토와 일체가 되어 괴산의 산과 강과 들 그 아름다운 경관을 노래하며 살아가는 다정다감한 시인이다.
　김 시인이 살고 있는 괴산에 그 웅자를 자랑하는 느티나무를 형상화한 시를 읽어 보자.

> 　느티나무(회화나무) 괴槐 자는 한몸이라/ 유구한 역사 속에 살아온 세월/ 동서남북 가지가 고루 뻗어나 크고 작은 조화/ 황금 날개 질서 찬란하게 비친 얼굴/ 늠름한 괴산의 기상 아름다운 느티나무라 한다 //
>
> 　천년의 강인한 생명력 우람한 몸매/ 듬직한 품위 우뚝 선 위상 온 마을 뒤덮어/ 내일의 아름다운 마을 바람막이 보호수 되어/ 오랜 풍진 세월 동고동락한 날 얼마인가 //
>
> 　아름드리 정자나무 아래/ 선선한 바람 폭 안겨 몸과 맘 달래며/ 오순도순 사랑 속에 어우러지는 쉼터/ 가슴 안에 우러난 아름드리 행복 넘쳐나/ 풍요롭고 살기 좋은 괴산 축복의 땅이라.
> 　　　　　　　　　　　　　　　　　　－〈느티나무〉 3, 4, 5연

　이 시의 서정적 자아는 자신이 살고 있는 괴산의 통진강 강변의 느티나무에 내면의 순수한 감정을 투영시킴으로써 나무의 웅려함과 이 나무로 유래했다는 괴산의 지명을 전

하면서 그 이미지를 끌어올리고 있다.

  이 시의 구성을 보면 1연은 괴산의 지명에 대한 유래 2연은 느티나무의 배경과 그 웅자를 3연은 향토와 세월을 함께한 고목이고 거목임을 4연은 괴산의 자연 경관과 정을 나누며 살아가는 사람들을 5연은 한반도 중심에 위치한 괴산의 존재감을 자랑으로 이곳에서의 쾌적한 삶을 누릴 것을 전망하고 있다.

  이 시에서 동지천 병풍산 느티나무 등의 어휘들은 괴산을 자랑할 수 있는 단어들임을 유의하자.

  이 시는 시인의 감정이 연과 행을 이어 가면서 느티나무의 양자를 더욱 선명하게 떠오르게 한다.

  이 시를 거듭 읽다 보면 김인식 시인은 향토애가 남다름을 알 수 있다. 김 시인은 식물인 느티나무에 의인법을 적용하여 시로 형상화하여 괴산의 산과 강과 함께 자연이라는 동일 선상에 올려 놓아 인간과의 교감을 언어의 구사를 통해 시라는 울타리 안에 조경하듯 읊었다.

  아울러 김 시인은 종종 느티나무를 찾아 자신의 감정과 느낌을 나무에 투사하면서 감정 이입의 수법을 적용하여 자신과 느티나무를 동일화시키고 있다고도 하겠다.

  다음은 어머니의 자녀에 대한 모정의 시를 읽어 보자.

  사람은 누구나 어머니의 사랑 속에 자라 성인이 된다. 김 시인도 어머니의 사랑을 듬뿍 받으며 성인이 되었음은 두말할 나위도 없다.

눈 뜨면 노심초사/ 어린 자식 가는 길 힘들다고 맘 써/ 혼자 가면 안 되니 함께 어울려 가라 하시는 어미 닭/ 이제나저제나 자식 걱정 늙어진 맘/ 품고 온 그 세월 얼마랴 짧지만 않아 보이니/ 해가 뜨고 달이 가도 관심과 사랑이 남더라 //

고귀한 사랑이 아닌가/ 맘 써 두고 생각해 보니/ 홀로 선 외로운 길 스스로 터득한 어미 닭/ 잠시라도 주춤주춤하면 안 될세라/ 기회만 있으면 함께 가라 함께 가라 외침/ 귓가에 들려지는 그 울림 지금도 쟁쟁하더라

― 〈어미 닭〉 1, 3연

이 시는 제목부터 비유로 되어 있고 전편이 자녀에 대한 걱정을 놓지 않는 어머니의 사랑을 읊었다. 연마다 행마다 어머니의 사랑이 맥이 되어 흐른다.

어미 닭은 어머니를 가리키는 비유이다. 이 시는 어머니를 추억하고 회상하면서 회고적으로 묘사한 서정시다. 누가 읽든지 자신들의 어머니 모습을 떠올리게 된다고 생각된다.

시구 중 "혼자 가면 안 되니 함께 어울려 가라, 또 기회만 있으면 함께 가라"란 말이 이 시의 모티브라 하겠다.

어린 아들이 혼자 가다 돌부리에 채어 넘어질 수도 있고 못된 친구에게 당할 수도 있고 한편 무료하고 적적할 수도 있기에 걱정을 아니 할 수 없었을 것이다.

어린 날 아들을 바라보며 말하던 어머니의 모습을 회상하면 어머니의 사랑과 어머니에 대한 그리움을 순화된 언

어를 통해 형상화하였다. 김 시인의 기억을 불러 주는 누구 보다도 아들을 사랑하던 그 사랑은 세월에 묻혀 뒤안길로 사라지지 않으리란 시인의 바람이 시인의 뜨거운 가슴에 의해 한 편의 정감적인 서정시로 엮어졌다고 본다.

4. 예리한 시대 의식

과학 문명이 건네준 휴대 전화의 첨단적 기계를 매개로 한 인간 상호 간 의사소통을 원활히 하면서 정감도 나눌 수 있는 상황을 노래한 시를 들여다보자.

> 알 수 없는 카톡 소리/ 귓전에 들려 톡탁! 톡탁!/ 소리 울릴 때면 //
>
> 흰 공간 나열된 곳에/ 요즘 문자가 홍수 이루고 있지만/ 사랑의 공간이 남아 있을 때/ 울림 없으면 벨 소리가 그립지요 //
>
> 사랑의 숨결 교차할 때마다/ 마주할 수 없으나 본 것처럼 느껴/ 문자 속에 향기 잘 드러나/ 맘과 맘 주고받는 사랑의 방 됩니다.
>
> ―〈문자〉 1, 3, 4연

이 시는 휴대 전화의 외형을 벗기고 내면에 숨 쉬고 있는 인간의 정감을 찾아 마음의 눈으로 읽고 감상해야 한다.
이 시의 톡탁하는 카톡 소리에 문자는 공감각 이미지를

역동시키면서 생동감과 서정적 인식을 지적으로 높여 준다. 시가 풍기는 감각 작용에는 둘 이상의 심상이 어우러져 공감각적 이미지를 자아내는 경우가 있다. 예를 들면 청각적인 소리와 시각적인 색채나 형태들을 동시에 느끼는 경우다.

 이 시는 청각적이고 시각적인 점에만 의존한 작품은 아니다. 자세히 들여다보면 시인의 내면세계를 문명의 기기를 매개로 하여 우리들 마음 즉 사랑을 추구하는 자세와 바람이 분수처럼 솟음을 알 수 있다.

 1연의 의성어 톡탁은 실감나는 문명의 소리다. 이 소리가 독자들에게 공감을 일으키며 시어로서의 생명을 지녔다고 본다. 2연의 문자는 시각적 감각을 바탕으로 회화적 인상을 부각시키는 어휘로 톡탁 소리와 대조를 이룬다. 이 시의 공감각적 이미지는 휴대 전화의 진상을 사실적으로 표현하였다.

 3, 4연은 1, 2연을 받쳐 주면서 휴대 전화의 실용성과 비록 상대와 상면하지 않아도 의사소통과 정감을 나눌 수 있기에 휴대 전화는 사랑의 매개체로 손색이 없다.

 이 시의 서정적 자아가 말하고자 하는 건 요란한 문자가 아니라 마음과 마음을 주고받을 수 있는 정감이 있어야 함을 강조하고 있는 것이라 하겠다.

 코로나로 고통 받고 있는 오늘날 우리 생활에 적용되고 있는 방역 상황을 날카로운 지성과 정감으로 풍자한 시를 살펴보자.

이제나저제나/ 붉게 멍든 가슴 하늘 보고/ 땅과 바다를 봐도 밀려오는 파도뿐/ 한번도 경험하지 못한/ 고통 씨앗 온 세상 뿌려졌다오 //

인ㅅ과 인ㅅ을 두려워하여/ 생명거리 펼쳐라 먹거리 문 닫아라/ 사방 읊어지는 거친 소리/ 마주 보면 주춤거린 맘 뭘까/ 이것 뭘까 뭘까 하니 두려움일세 //

뾰족한 날 선 검 재난일세/ 누가 막으랴 물으니/ 나라님마다 내 코가 석 자라 하니/ 어쩌랴 온통 아우성치고/ 곡간은 축나고 있으니 어찌하랴

―〈한번도 경험하지 못한 일〉1, 2, 3연

이 시는 현재 우리가 겪고 있는 현실을 거울로 보는 느낌이다. 우리의 고통을 증식시키는 미흡하고 반강제적인 방역책을 지적하면서 삶의 의미를 심도 있게 사실적으로 표출하였다.

언제부턴가 항간에 '한번도 경험하지 못한' 이란 말이 유행어가 되어 회자되고 있다. 사람은 누구나 차별 없이 평안하게 살아야 하는데 그렇지 못하다. 인간다운 삶을 위해서는 서로 어울리어 돕고 도움 받으며 살아야 하는데 코로나로 인하여 고충이 배가 되고 있다.

이러한 현실 앞에 시인의 사명은 결코 작은 것이 아니다. 시인이라면 현실을 직시하고 사람들을 계도해야 한다. 현재 우리가 피부로 느끼는 방역은 너무나 일방적이라고 본다. 국민들도 하고 싶은 말이 있고 지혜도 있고 위기를 극

복코자 하는 집념과 의지가 있다.

  그런데 당국은 국민들만이 아니라 전문가들의 조언마저 수렴할 생각 않고 탁상공론적인 과학적 의학적 근거도 부족한 규제만 남발하고 있어 피로감만 쌓이게 한다.

  한편 이 시는 '멍든 가슴 밀려오는 파도 고통 씨앗 날 선 검'과 같은 시어를 통해 김 시인이 현실을 풍자함에 있어 메타포를 적용하고 있음을 알 수 있다.

  시인의 한 사람으로 적절치 못한 방역 상황을 지적하고 진실을 추구하는 것은 삶의 비약을 위한 것이라 하겠다. 김 시인의 철학적 사유가 검광처럼 빛을 발하고 있음을 감지하게 된다.

5. 애국애족의 시심

  김인식 시인은 국가관과 민족의식이 투철한 시인이다. 그의 시에 나라를 사랑하고 겨레를 사랑하는 시들이 많다. 이러한 김 시인의 시 중 광복의 환희를 노래한 시를 읽어보자.

  아! 조국아 울어라/ 마음껏 울어라 기뻐하라 그리고 웃어라/ 꿈속에서라도 그리던 해방의 날이니라 //

  애국 독립투사 가슴에/ 서릿발 날리는 칼날에도 굴하지 않고/ 불굴의 의지 불태우던 그날들/ 한 맺힌 긴 세월 그 얼마던가 //

꿈속에라도 그리던 광복의 날 이뤄/ 포로 된 자로 자유 찾으니 울분아 끓는 가마야/ 마음 둘 곳 없던 날 잊고 자유를 누리자.

— 〈광복절〉 1, 2, 4연

이 시는 광복절의 벅찬 감동을 배경으로 하여 순국선열들의 성스러운 불굴의 거룩한 희생이 있음으로 해서 나라를 되찾을 수 있었음을 기리고 있다.

시적 화자는 광복의 기쁨을 밝고 건강한 어조로 노래하고 있다. 광복이 안겨 준 벅찬 감동이 이 시에 주제와 일제 강점이라는 암울한 시대가 막을 내리고 이제 빛을 회복하여 새로운 공간에서 자유를 누리게 된 시점을 열정적인 한 편의 시로 형상화하였다.

이 시의 특징은 일반적인 시의 명상적 성격과는 달리 서정적이기는 하나 광복이라는 사실적 정서를 구사하였다.

따라서 이 시는 간결한 시어로 시상을 압축하고 율동감 있는 운율로 시적 감각을 살리고 있다. '울어라, 기뻐하라, 웃어라, 순국선열들이여, 가마야' 같은 열정적 시어들이 돋보인다. 그리고 '해방의 날이니라, 그 얼마던가, 꽃 되리라, 자유를 찾으니, 누리자꾸나' 같은 시구들의 받쳐줌이 시적 분위기를 한층 선명하게 해 준다.

김인식 시인은 광복 이후에 출생한 시인이지만 일제에 억압되었던 민족의 아픔을 그 당시의 시인들 못지않게 시대 상황을 심화시키며 애국심을 고취시키고 있다.

긴 세월 일제의 압박에서 벗어났으니 그 기쁨 감격을 이루다 말할 수 있을까. 그러기에 감격의 눈물을 흘리고 기쁨의 웃음도 날리며 광복의 의미와 가치를 마음에 새겨야 할 것이다.

다음은 북한 공산군의 불법 남침으로 야기된 동족상잔으로 인하여 목숨 다 살지 못하고 겨레와 나라 위해 산화한 충혼들의 넋을 기린 시를 감상해 보자.

오월 가정의 달 지나/ 연녹색 오월 계절 속에 묻혀 있다가/ 유월이 오면 울먹인 스산한 바람 불어와/ 차오르는 아픔 누르지 못해/ 온몸 휘감아 뼛속 깊이 새겨진/ 온 겨레의 슬픔 바다를 이루었습니다 //

죽느냐 사느냐 기로에 선 나라/ 내 한 목숨 바쳐/ 대한민국을 구할 수 있다면/ 청춘을 불살라 죽음으로 대신하겠다는/ 순국선열들의 비장한 각오/ 유월에 부는 바람 향기로 다가옵니다 //

산천초목 아름다움/ 눈과 맘 마음껏 자유와 평화 누려/ 오늘을 사는 후손들 맘속에/ 어찌 잊으리오/ 대한민국 호국 영령 꽃들이여!

―〈현충일〉 1, 2, 4연

우리나라의 유구한 역사를 돌아보면 다른 나라의 침략 또는 내환으로 숱하게 전쟁을 겪었지만 6·25전쟁과 같은 참상은 드물었다고 본다.

6·25동란은 말로 형용할 수 없는 비극을 초래했다. 당시 이 땅의 젊은이들은 겨레와 나라를 지키기 위해 꽃다운 젊음을 다 피어나지도 못하고 목숨을 바쳤다.
　이 시는 그 거룩한 행적을 상기시켜 준다. 단순히 나라를 지키다 숨진 사실적 상황만을 읊은 것이 아니고 역사적 가치와 의미를 사람들에게 주입시키고자 하는 의도도 지니고 있다.
　당시의 젊은이들은 어디를 가나 그 흔한 교통사고로 목숨을 잃은 것도 아니고 생계를 위해 위험한 일을 하다 목숨을 잃은 것도 아니고 어떤 질병으로 목숨을 잃은 건 더더욱 아니다. 오직 나라를 구하기 위해 목숨을 바친 것이다.
　이 시가 보여 주듯 유월은 아픔의 달 슬픔의 달이다. 5월의 어린이날 어버이날 스승의 날과 같은 안정적인 날을 보내다 전율을 상기시키는 유월의 역사성을 유추하게 된다.
　김인식 시인은 전후 세대라 6·25에 대한 실상을 모를 것 같지만 그의 애국 애족하는 마음이 독서를 통해서 또는 그 시대를 살아온 사람들의 입을 통해서 간접적 체험을 충분히 하였다고 본다. 시인이라면 6·25를 겪었건 아니 겪었건 시인으로서 한두 편 6·25를 소재로 한 시를 창작할 수 있어야 이 땅의 시인이라 할 수 있겠다.

6. 맺는말

　이상 읽고 감상한 김인식 시인의 시들은 순수한 감정을

반영하였고 지·정·의 등이 융합되어 시의 효율성을 높이고 있다.

김 시인의 시들은 기독교적 사랑이 근간이고 가족과 지인 그리고 이웃의 많은 사람과 동반자의 걸음을 내딛고 있음을 엿볼 수 있다.

한편 시에서 사용한 어휘들은 우리가 일상생활에서 주고받는 말들이라 쉽게 이해할 수 있다. 시인의 내면에서 우러나온 시구들은 잔잔한 강심 같은 시점을 안겨 준다.

시어의 구사에서 쉬운 일상어들은 읽을 때 부담이 없을 뿐더러 자신의 생활을 돌아보는데도 도움이 될 것이다.

김인식 시인은 열정적인 분인가 하면 또한 자신을 다스리는 강한 의지와 지성을 갖춘 분임을 그의 시 작품을 통해 알 수 있다. 그의 신앙과 인격과 체험이 조화를 이룬 삼위일체적인 작품들은 그의 순수성과 진솔한 삶과 뜨거운 열정이 결정체가 되어 시편마다 연연히 맺혀 흐른다고 하겠다.

이번에 발간되는 시집 『아름다운 세상이 보입니다』는 김 시인을 아는 사람이나 처음 상면하는 사람들 그리고 모르는 사람들에게도 경건하고 바른 인생관을 유발시킴과 함께 순수한 서정을 일깨워 줄 것이라 생각하면서 앞으로 더 좋은 작품을 쓰실 것이라 확신하며 기대한다. ✽

아름다운
세상이
보입니다

발행 ㅣ 2021년 12월 1일
지은이 ㅣ 김인식
펴낸이 ㅣ 김명덕
펴낸곳 ㅣ 한강출판사
홈페이지 ㅣ www.mhspace.co.kr
등록 ㅣ 1988년 1월 15일(제8-39호)
주소 ㅣ 서울시 종로구 인사동11길 16, 303호(관훈동)
전화 735-4257, 734-4283 팩스 739-4285

값 11,000원

ISBN 978-89-5794-489-9 04810
      978-89-88440-00-1 (세트)

※ 저자와의 협약에 의해 인지는 생략합니다.
※ 이 책의 저작권은 저자와 본 출판사에 있습니다.